절대 돼

우리가 무언가를 바라면 우주 전체가 그 꿈을 이루도록 돕는다.
그러기 위해서는 먼저 위험을 감수하고 첫발을 내디뎌야 한다.

_파울로 코엘료

절대 돼

생각과 그림 김준희

1판 1쇄 인쇄 2013년 1월 9일
1판 1쇄 발행 2013년 1월 15일

대표 권대웅
편집 박희영 황은주 최수정
디자인 여만엽
마케팅 노근수 오선희

발행인 신혜경
발행처 마음의숲
출판등록 2006년 8월 1일(105-91-03955)
주소 서울시 마포구 상수동 145-1번지 영빈빌딩 6층
편집 (02) 322-3165 | 마케팅 (02) 322-3164
마음의숲 페이스북 http://facebook.com/mindbook
값 12,800원 ISBN 978-89-92783-68-2 (03810)

이 도서의 국립중앙도서관 출판시도서목록(CIP)은 e-CIP홈페이지(http://www.nl.go.kr/ecip)와 국가자료공동목록시스템(http://www.nl.go.kr/kolisnet)에서 이용하실 수 있습니다.
(CIP제어번호: CIP2013000059)

절대 돼

무조건
잘될 수밖에 없는
절대긍정의 힘

| 김준희 생각과 그림 |

마음의숲

머리글

절대 믿음과 절대 기다림

우리는 주변에서 흔히 "절대 안 돼!"라는 말을 많이 듣게 됩니다. 물론 사회란 규범과 규율을 지켜야 하는 곳이기에 보편타당하게 하면 안 되는 것은 지켜져야 하는 게 분명합니다. 그런데 절대 안 되는 것은 그렇게도 많으면서 왜 절대 되는 것에 대해서는 이야기하지 않는 것일까요.

저는 스스로 긍정적인 사람이라고 생각합니다. 누군가가 인정해 주고 칭찬해 주면 몇 배의 힘을 내고, 웬만한 고민쯤은 달달하고 맛있는 것을 잔뜩 먹다보면 잊어버리는 '절대긍정녀'입니다. 이 절대긍정이 저에게 행복을 주고 생활의 활력소와 원동력이 되어 주는 것 같습니다.

〈도담대안학교〉를 운영하면서 이 절대긍정을 활용해 보기로 했습니다. 사회에서 조금은 소외되고 부정적인 아이들과 생활하다보니 많은 생각이 들었습니다. 이 아이들은 주변에선 항상 안 된다는 말을 많이 들었고, 칭찬보다는 야단을 더 많이 들었던 아이들입니다.

그러나 그냥 보통 학교에 다니는 아이들과 조금 다를 뿐, 그 다름이 틀림이 아니라는 생각을 합니다. 이 아이들에게 필요한 건 누군가가 이들을 믿어주고 기다려주는 것이 아닐까, 하는 생각을 하게 되었습니다.

우리 학교에서는 무엇이든 해도 됩니다. 학생들이 말썽을 피워도 믿어 주고 기다려줍니다. 물론 처음부터 만족할 수는 없습니다. 하지만 지속적인 기다림과 관심은 결국 아이들을 변화시킬 수 있습니다. 다른 사람들이 "저런다고 될까?"라는 의심어린 눈으로 바라보는 녀석들이 이제 스스로 공부해 검정고시에도 통과하고, 대학에도 갔습니다. 또한 자기들이 좋아하는 음악이나 영화 관련 회사에 취업을 하려고 노력하고 있습니다. 아이들이 스스로 움직이고 있는 것입니다. 그리고 이루어냅니다. 눈에 보이지 않는 변화라도 조금씩 움직이는 것이 보입니다.

우리가 긍정적으로 꿈꾸고 믿는다고 모든 일이 다 잘되지는 않습니다. 하지만 시간을 가지고 노력하면 된다는 것, 긍정적이고 자신을 귀하게 생각하면 된다는 것, "절대 돼"라는 믿음을 이야기해 주고 싶습니다. 항상 긍정적으로, 항상 잘되기를 꿈꾸고 있는 모든 사람들에게 외치고 싶습니다.

"무엇을 해도 즐겁게 하다보면 잘되는 절대 돼!"
"무엇을 고민하든 나중에는 절대 돼!"
"넌 절대 돼!"
"난 절대 돼!"
"우리는 절대 돼!"

차례

등장인물

도담대안학교
무임금 교장 삐삐쌤

삐삐쌤의 든든한
후원자이자 남편인 윤 씨

도담대안학교 아이들

도담대안학교 마스코트
낭만고양이 차차와 치치

chapter 1

비행飛行해도 돼, 도담학교

나는 잘 날지 못하는 비행飛行청소년들과 함께 생활한다. 이 아이들은 어떤 이유로든 공교육에서 떨어져 나온 청소년들이다. 다른 사람들은 비행非行청소년이라고 부를지도 모른다. 사전적 의미로 비행청소년은 미성년자로서 지켜야 할 규칙을 위반했거나 부모에 대한 불복종, 상습적 학교 결석, 가출, 음주 등의 우범 행위를 하는 12세 이상 20세 미만의 청소년을 통틀어 이르는 말이라고 한다.

우리 학교에는 다른 사람들이 그렇게 부르는 아이들이 모여 있다. 집에 가기 싫고, 학교도 가기 싫고, 미혼모에 절도용의자…. 도담학교라는 이름이 붙은 우리 학교는 무지 작은 무료 대안학교이고, 나는 이 도담학교의 무임금 교장이다. 하지만 내게 이 녀석들은 네모난 틀에서 생활하는 어른들이 만들어 놓은 규율과 규칙, 틀을 뛰어넘어 비행飛行하려는 비행청소년들이다. 늘 배고프고 뭔가 부족한데도 혈기왕성하고, 날고 싶다는 비행의 꿈이 가득한 비행청소년.

도담학교는 '기다려 주는 학교'다. 3년근 홍삼보다 6년근, 10년근 홍삼이 더 좋듯 도담학교 아이들은 조금 늦게 가지만 더 좋아질 것이다. 우리가 비행하는 저 험난하고 아슬아슬한 세계로 나가기 위해, 길을 만들어 함께 걷기 위해 오늘도 나는 열심히 삽질 중이다. **"절대 돼!" "모두 돼" "하면 돼"라고 외치며.**

나는 선생으로 아이들을 선도하기보다는 아이들과 좌충우돌, 우왕좌왕 함께 삽질하기 바쁘다. 학생들은 위험하다고 못 타게 하는 모터바이크를 타고 다니고, 학생들은 못 먹게 하는 술도 좋아한다.

여러 날 안 씻고도 돌아다니고, 정리정돈 같은 치우는 것도 잘 못하고, 정장 한 벌 없이 내키는 대로 입고 다닌다. 취미도 이것저것 다양하다. 한 우물을 파는 게 아니라 여기저기를 파고 다니는 삽질 전문가다. 그래서 도담학교 교과 과정도 틀에 박힌 수업이 아닌 여기저기를 파는 삽질 교육이다. 공교육과 멀어진 아이들이 대안학교 생활에 관심을 갖고 참여할 수 있도록 처음엔 편하게 놀도록 한다.

실컷 놀고 나면 얼마 안 가 먼저 무언가를 하자고 한다. 그럼 그때 검정고시 준비, 직업체험학습, 밴드, 요리, 연극, 여행, 상담, 미술 등 이곳저곳 길을 닦으며 삽질을 해 준다. 그래서 나는 학생들에게 '삐삐쌤'이라는 애칭으로 불리는 삽질전문 대안학교 여선생이다.

지하 교실

돼지고기
저장 창고로 쓰던
건물 지하를 빌려
시작한 작은 대안학교.
밖에 비가 오는지,
추운지, 더운지,
나가 봐야 아는
창문 하나 없던
지하 교실.

여름엔 비가 줄줄 새고,
겨울이면 춥고,
봄이 되어도 여전히
싸늘했던 그곳.

너무 추운 날이면 근처 빵집에 가서 공부를 해야만 했던 그곳.
지금은 마당 있는 집으로 이사를 와서 어느새 추억이 되었지만
생각하면 마음만은 따뜻해지는 우리의 첫 학교.

도담학교식 공감

가끔 우리 학교 학생들은 예전에 다녔던 학교에서
억울했던 이야기를 하며 그 학교 선생님들 욕을 한다.
막….

누가 봐도 조신해
보이는 법대 출신
도담학교 여교사

우리 학교 교사들은 잘 들어 주고 공감도 잘 해 준다.

아이들의 말을
끝까지 잘 들어 주고 난 뒤
따뜻한 공감의 말 한마디를 건넨다.

도담학교식 '공감'이
먹히는 순간이다….

다른 색

지하 학교 시절 쓰던 곰팡이 핀 도마를 이용해서 만든 학교 문패와 아이들 이름 명패.

도담학교 아이들은
저마다의 색이 있다.
모두 같은 것을 배우며
같은 길을 갈 수는 없다.
우리 아이들의
색을 존중해 주고 싶다.

자기 이름으로 만든 각양각색의 명패들.

기다리는 학교

우리 대안학교는 기다려 주는 학교다.
그게 우리 학교의 신념이다.

아이들은 어른들이
기다려 주지 않아서
많은 상처를 받는다.
그래서 우리는 늘 기다린다.
좀 많이 기다린다.

4시간 경과….
드디어 전교생
8명 중 1명 등장.

우리 학교는 기다려 주는 학교다.
아주 많이~~

사제지간

내가 파고 있는 열 우물 중 하나인 대안학교.
얼떨결에 이곳의 무임금 교장이 되었다.
참 아름다운 사이, 사제지간.

대안학교 아이들의 캐릭터를 만들이 주었다.

절대 돼

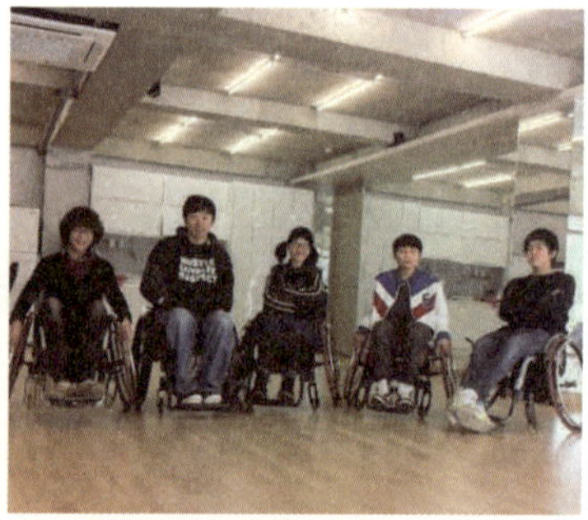

가수 클론의 강원래는 초등학교 4학년 때 같은 반이었던 친구다.
도담학교 아이들을 위해 이런저런 신경을 많이 써 주는 고마운 친구다.
내가 공부방으로 봉사를 나가던 시절에는 그곳으로 찾아와
철없는 아이들의 장난을 다 받아주고 맛있는 것도 사 주고는 했다.
그리고 이제는 대안학교 아이들에게 무료로 방송댄스를 배울 수 있는 기회를
주고 어떨결에 라디오 방송에 출연할 수 있는 시간도 마련해 주었다.
친구의 마음 씀씀이가 늘 고맙다.

슈퍼카수K

케이블 방송
오디션에
도전하는
학생을 데리고
상암경기장에 갔다.

첫 번째 기적이다.
심지어 나보다 먼저 와서
기다리고 있었다.

사람은 많고
날씨는 따끔따끔했다.

이 상태로 카드섹션도 하고
이런저런 촬영도 하다보니
2시간이 지났다.

결국…

기적적으로 8시간 기다리고 2분간 오디션을 봤다.
이 오디션의 슬로건처럼 그야말로 기적을 노래했다.
두 번째 기적이다. 그 더위에 8시간을 버텼으니….

응시원서에 그려서 붙여 주었던 엽서 그림

일주일 후 탈락했지만
2013년에도 도전은
계속된다. 절대 돼!

성적표

도담학교에는 성적표가 없다.
대신 한 학기가 끝나면 편지를 준다.

각자
편지를 받아들고
나름 좋아한다.

역시 우리 아이들이다…

단점

학교에서 자신의 장점과 단점에 대한 수업을 하던 날.

선머슴 같지만
귀여운 여자아이임.

그런데 이제 그 문신도
내 눈엔 예뻐 보이기 시작했다.

꿈나무

대안학교 아이들 중
미용사가 꿈인 꿈나무들이 있다.

한 녀석은 가위를,
한 녀석은 거울을 들고
실습이 시작되었다.

마치 영화 〈가위손〉의 주인공처럼
현란한 손놀림으로 싹뚝싹뚝!

머리카락 잘려 나가는
소리가 들렸다.

그런데 거울을 든 녀석의 얼굴이
돌덩이처럼 굳었고

잠시 후…

"야! 튀어!"

라는 한마디와
아이들은 가위를 남기고
사라졌다.

머리카락이 눈썹까지 내려오는 데
꽤 오랜 시간이 걸렸다.

우리들

학생들 띠별로 캐릭터를 만들어 주었다.
우리 학교는 동물농장~

징검다리

아이들이 강 건너에 있다.
강을 건너려면 다리가 필요하겠지.
우리는 함께 징검다리를 놓으려고 한다.
그건 선생님들만 하는 일이 아니고
아이들과 함께 만드는 일이 될 것이다.
이 징검다리가 언젠가는 8차선 한남대교가 되리라 믿으며~~
오늘 하루도 시작해 본다.

조급함은 오히려 일을 그르칠 때가 많습니다.

아픈 손가락

"열 손가락 깨물어 안 아픈 손가락 없다"는 속담이 있다.

깨물면 손가락이 막 아프다.

그런데 대안학교에서
아이들을 만나다보니
분명 더 아픈 손가락이 있다.

학교 다닐 때 선생님들은
"너희들을 다~ 똑같이 사랑해…"라고 하셨지만
더 아픈 손가락을 조금 더 사랑하게 되더라….

비상

계절의 변화를 느끼며 아이들이 자라고 있다.
지하에서 지상으로 자리를 옮기며 했던 작은 기노.
언젠가는 우리 아이들도 좀 더 따뜻하고
높은 곳으로 비상할 수 있기를….

곶감 만들기

마당 한가운데 있던 큰 나무가
무슨 나무인지도 모른 채 여름이 지났다.
여름이 지나자 뭔가 푸르스름한 열매가 열렸다.
가을이 되고서야 그 푸르스름한 것이 감이라는 것을
확실히 알게 되었다.

어렸을 때는 무슨 나무인지, 어떤 열매를 맺을지
알 수 없는 것이 우리 아이들과 닮았다.
시간이 지날수록 열매가 익어 가는 것처럼
이렇게 우리 모르게 아이들도 익어 가겠지.

곶감 만들기2

학교 마당에 자꾸 감이 떨어져서
날을 잡고 감을 몽땅 땄다.

대부분은 책꽂이에 얹어
홍시를 만들고

몇 개는 꿰어서 곶감을
만든다고 만들었는데

때깔과 비주얼이 심상치 않아
아무도 먹지 않았다.

그래서
위장 튼튼한 내가 다 먹었다.
맛있었다는 걸 아무도 믿지는 않지만….

아이들의 세계

청소년들과 친해지려면
아이들 세계에 들어가서
그 아이들의 언어를
쓰는 것이 필요하다.

어떤 때는 정말 나도
담배를 배워 같이 피우며
이야기를 나누고 싶다.

아이들을 다 이해한다고 자부하다가도
가끔은 깜짝깜짝 놀라는 순간이 있다.
어쨌거나 나는 '어른'인 것이다.

해장국

아이들이 학교에 술을 먹고 오는 날이 많아서
점심식사엔 늘 국이 있어야 한다.
어느 날, 늘 지각을 하던 녀석들이 나보다도 일찍
학교에 온 날이 있었다.

밤새 술을 마시고
바로 학교로 온 것이다.
결국 나는 그날 빈 냄비를 들고
순댓국 집에 가서 순댓국을 사 왔다.

세상의 문

세상에는 여러 개의 문들이 있다.
어떤 문을 열고 들어갈지는 우리의 선택이다.
지금 나는 수많은 문을 열고 있다.
새로운 문을 열 때마다 그곳에는 새로운 세상이 있다.

혜화동의 수리 중이던 건물을 임시로 막아 놓았던 문들.
애니메이션 〈몬스터 주식회사〉가 떠올랐다.

돌멩이

새싹이 돌 밑에 깔리면 어떻게 될까? 그냥 바로 죽어 버릴까?
그렇지 않다. 새싹은 돌 밑에서 안간힘을 쓰며 빠져나오려고 노력한다.
그때 누군가가 돌을 치워준다면 새싹은 쑥쑥 잘 자라날 것이다.
그러나 제때 돌을 치워주지 않으면 어떻게 될까?
아마도 새싹은 힘을 쓰다 지쳐 아무도 모르게 시들어 버릴 것이다.
새싹을 누르고 있는 돌을 치워주는 손이 될 수 있으면 좋겠다.
지금도 빛을 보지 못한 채 돌 밑에서 꿈틀거리는 새싹들이 많을 것이다.
너무 늦지 않아야겠다.

방학이 싫어

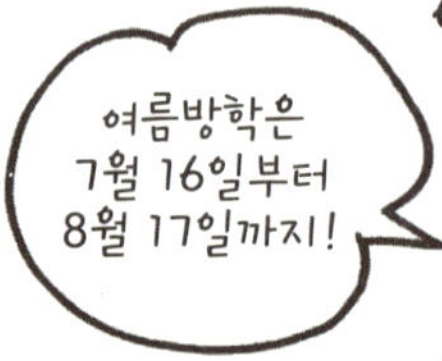

그래서 다른 학교와는 달리
방학을 해도 월, 수, 금은
학교 문을 연다.

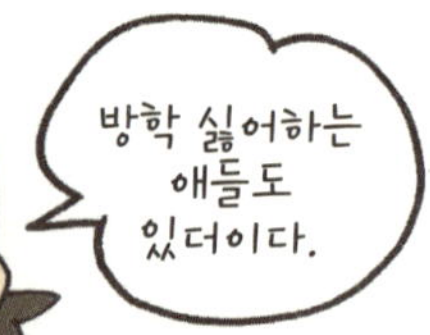

일주일에 3일을 나가야 하는 무급교장.
솔직히 가끔은 한 달 내내 쉬는 진짜 방학을 꿈꾼다.
꿈은 꿈일 뿐이지만….

바람개비

바람개비는 작은 바람만 있어도 돌아갑니다.
우리 아이들의 바람이 되어 주세요.

2012년 잠비아 무탄다에서

범인을 밝혀라

요즘 청소년들은 SNS 중, 꼬끼오스토리를 많이 하는 듯하다.
어느 날….

도담학교는 가톨릭 재단이라
지도 신부님이 계신다.
그렇다면
혹시 신부님?
까악 까악 까악
순간! 정적이 흘렀다.
퍽
퍽
퍽
아님 말고~
어우 야~~
혹시 진짜?
설마…
왜
이리
귀가
간지럽냐~
추적 끝에 범인 닭자X는
고3 '박모 씨'로 밝혀졌다.

찍사

나는 찍사다.

학교 아이들을 데리고
다닐 때면 어딜 가든
카메라를 들고
마구마구 찍어댄다.

파파라치가
따로 없다~

강촌으로 캠프 가던 날
기차역에서 단체사진을
찍으려 할 때,
한 녀석이 다가와서

하며 제법
기특하고 감동스러운
멘트를 날렸다.

하며 나도 다소
느끼하지만 살짝
감동적인 멘트를
날려 주었다.

어린 시절 사진을 보면
내 모습이 있다.
부모님은 사진 속에 없지만
사진 밖에서 나를 찍으며
늘 함께하셨을 거다.

사진 속에
나는 없지만
늘 함께 있었다.

그러면 된 거다.

비행飛行이 있는 곳

대안학교 아이들을 데리고 다니려면 인내가 필요하다. 지각만이 문제는 아니다. 출발 시간을 잡고 체험 학습을 떠나면 1시간 걸리는 곳은 2시간 정도, 2시나 걸리는 곳은 3시간이 걸리기 때문이다. 일명 도담타임~ 도중에 한 녀석이 사라졌다 나타나면 또 한 녀석이 화장실에 간다고 사라진다. 그리고 또 가다보면 어디론가 사라진 녀석 때문에 버스를 놓치고 지하철도 놓친다. 그러다보면 오전에 가는 가야 하는 탐방수업의 경우에는 전날 모여 같이 잠을 자고 출발해야 하고, 오후 늦게 가야 하는 곳도 넉넉잡고 서너 시간은 일찍 출발해야 한다. 그래도 나는 느긋하게 간다. 늦었다고 야단쳐 봐야 이미 늦은 시간을 되돌릴 수 없고 서로 기분만 나빠지니까~~ 나중에 기회를 봐서 아이들에게 시간을 지키자는 말을 한다. 그러면 아이들은 무척 미안해한다. 어떤 점이 제일 미안하냐고 물으면 친구들이 약속 시간을 지키지 않으면 왕짜증이 나는데 내가 화를 내지 않고 기다려주는 게 미안하다는 것이다. 어쨌거나 나의 이런 기다림이 아이들에게 뭔가 깨닫게 했다면 그걸로 된 거다. 그걸로 좋다.

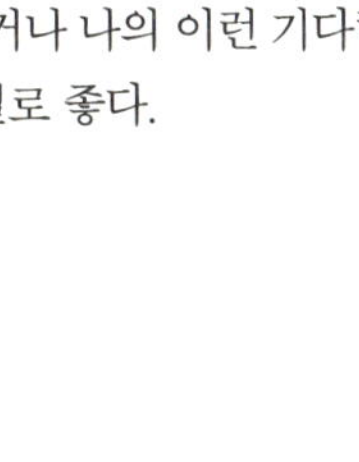

나 사용설명서

학교에서 아이들과 자신을 어떻게 사용할 것인지에 대한 프로그램을 진행하던 날. 결국 아이들은 사랑을 원하고 있구나, 라는 가슴 찡한 글을 보게 되었다.

행복한 우물

내가 행복해야 다른 사람을 행복하게 해 줄 수 있고
내가 즐거워야 나와 같이 있는 사람이 즐거울 수 있다.
그래서 나는 최대한 즐겁게 살려고 노력한다.
그러다 보니 이것저것 재미난 것을 해 보고, 찾아다니고, 먹어 보게 되었다.
이 경험 보따리를 풀어놓은 최적의 장소가 대안학교가 되었다.
내가 경험한 것들이 아이들과 나눌 수 있는 수업이 되고
여러 가지 콘텐츠가 되어주었다.
그래서 나는 내가 지금까지 파 온 여러 우물들이 자랑스럽고 사랑스럽다.
여러 우물을 팠던 것이 헛되지 않았다고 생각한다.
그래서 나는 오늘도 여전히 다른 우물을 파고 있다. 열심히!!

아이들과 밥

도담학교 아이들은 밥을 좋아한다. 학교에 오면 무조건 밥과 국을 달라는 아이들…. 만날 라면이나 빵 등의 분식을 주식으로 먹어 온 아이들이라 학교에 오면 무조건 밥을 챙겨준다. 물론 고기는 더 좋아하지만…. 일명 남의 살!

강촌으로 1박2일 캠프를 갔을 때
삼겹살 5인분이 빛의 속도로 사라졌다.
덕분에 교사들은

이성이 나의 식욕을 누르는
기적이 일어나고 있었다.

캠프가 끝나고
집 현관문을 박차고 들어서며 외쳤다.

어느 가요 가사에는 어머님은 짜장면이 싫다고 하셨지만,
실은 틀림없이 좋아하셨을 거다. 암요~

살림 대이동

집에서 잘 안 쓰는 청소기
우산, 밥상, 2인용 전기밥솥,
압력밥솥, 컵 등을 대안학교
만들 때 몰래몰래 빼돌렸다.
그런데 요즘은 같이 사는 윤 씨가
눈치를 좀 챈 것 같다.

아이들 점심을 차려 줘야 해서
참치 캔 12개 중 2개를 슬쩍 빼 갔는데
귀신같이 알아차린다.

돼지가 아니라
여우다….

그래도 여전히~
몰래몰래 조금씩
대안학교로 이런저런
살림을 이동시키고 있다.

뽀글뽀글

지하 학교에서 공부하던 시절.
참치 김치찌개가 보글거리며
아이들을 기다렸다.

바른말 고운말

대안학교 아이들 중 검정고시를 본 아이들.
시험 끝난 기념으로 장흥 유원지로 놀러 갔다.
동동주는 없었지만 파전을 하나 시켜서 먹었는데….

오징어 눈이었다.

바른말 고운말을
써야 하는
선생님이거늘….

하이퀄리티를 추구하는
대안학교 교장인 나는 급! 말을 바꾸었다.

뜨거운 크로켓

도담학교 아이들과 부산으로 여행을 갔다.
그리고 보수동 책방 골목에 가서
엄청나게 맛있는 크로켓을 사 먹었다.

그 크로켓은 기름에서
나온 지 3초 지난
겁나 뜨거운 크로켓이어서
더욱 맛있었다.

그렇지! 음식이란 모름지기 뜨거울 때 넣어 두어야~~

도담학교식 체험 학습

의정부 성모병원에
입원한 꼬마들을 위한
무료공연을 하던 날.

도담학교에는 간접체험이
아닌 직접체험을 통해
아이들을 가르친다.

오픈스쿨 행사와
부산 여행.

짐 많은 삐삐쌤

오늘 날씨는 덥다. 비 온다더니 오지 않고
가방은 또 겁나 무겁고
녀석들은 한 놈 빼고 몽땅 지각. --;;
준비물 사느라 왔다리 갔다리.

삐삐쌤을 자세히 보자.

결국 관절염이 생겼다.

생일 축하

최고로 행복한 생일 축하와
2012년 생일카드를~ ^^

처음

대안학교를 하면서
처음 해 보는 것들이 생겼다.

부엌 벽에서
100만 마리쯤 되는
구더기가 붙어 있는 걸
치운 것도 처음이고

동네 할머니들에게 감나무 밑에
배추를 심으면 어쩌냐고,
응달에 무슨 배추를 심냐는 잔소리를 들으며
배추며 상추를 마당에 심어 본 것도 처음.

그래도 마당에 심은 배추가 다행히 잘 커 주어
직접 배추를 뽑아 김치를 담근 것도 처음.
이렇게 도담도담 처음하는 것들이 늘어 간다.

관절염

무거운 걸 겁없이 짊어지고 다니다가
고관절과 무릎에 염증이 생겼다.
의사 선생님이
무거운 걸 들지 말고,
쪼그려 오래 앉아 있지 말고,
오래 서 있지도 말란다.
다… 대안학교에서 하는 나의 행동이다.

그래서 5,6년 전에 사 두고
처박아 두었던 바퀴 달린 해외 여행용
배낭을 들고 다니게 되었다.

오늘도 남양주 퇴계원 시내를 인천공항인 양
바퀴 달린 캐리어를 질질 끌고 학교에 간다.

아직
멀었다구~
올라오고
보니 별거
아니네!

잘 지워지는 지우개

상표가 '잘 지워지는 지우개'인 지우개를 사서
학생들에게 선물로 주었다.

상표가 정말 잘 지워졌다.

'잘' 자를 지운 아이의 지우개는
'지워지는 지우개'로 상표가 바뀌었다.

잘 지워지는 지우개가 맞긴 맞다.

소소한 행복

채송화

아스팔트에 채송화가 피었다.
차가 못 다니게 막아 놓으니 어느새 예쁜 꽃들이 고개를 내민다.
도담학교에도 아스팔트 갈라진 틈으로 피어나는 꽃들이 있다.
이렇게 아무도 모르게, 아름답게 우리 아이들도 자라고 있겠지.

오타의 여왕

어느 날, 동료 교사에게 문자를 보내려고 하는데
“잘해 보자”가 “즐해 보자”로 오타가 나는 것이었다.
그런데 그게 나름 마음에 들어
계속 “즐해 보자”로 문자를 보내며 스스로 좋아했다.

내리사랑 체험

요즘 나는 내리사랑 체험 중이다.
학교에서 학생들이
여러 가지 체험을 하고 배우는 것처럼
나는 어머니를 체험하고 있다.
어머니가 되어 본 적이 없는
나의 새로운 도전이자, 새로운 체험!

우리 집은 구질구질 청소를 안 해도
학교에 와서는 청소를 하고,
집에서는 대충 먹는 밥도
학교에 가면 찌개를 끓이고 잡곡밥을 짓고….

좋은 곳이 있으면 데리고 가고 싶고
좋은 것을 배우게 하고 싶고, 체험하게 하고 싶고
좋은 것 먹이고 싶고, 입히고 싶고
이야기를 듣고 싶고, 하고 싶고, 같이 놀고 싶고
나의 어머니가 또 너희들의 어머니가
우리를 이런 마음으로 키우셨겠지?
사랑이라는 게 누가 시켜서 배워서 할 수 있는 것은 아니지만
누군가가 사랑하는 모습을 보면서 학습되는 사랑도 있다는 생각이 든다.
아이들도 이런 사랑을 배웠으면 좋겠지만
그건 먼 훗날 이 아이들이 또 누군가의 어머니 아버지가 되어서야
알게 될 거라는 걸 안다.
내가 그러하듯.

충전하자

방전되기 전에 미리미리~~
찌릿찌릿~~

삐삐쌤은요

학생 : 봉사하는 성실한 사람.

학생 : 중고나라의 신상?ㅋㅋㅋ

학생 : 숨겨진 라이더.

초등 동창 신부님 : 삽으로 안 파 본 곳 없다. 이렇게 만화 캐릭터가 어울리는 여자는 본 적 없다.

대안학교 동료 교사 : 천하무적 간지녀.

대학교 후배 : ㅋㅋㅋㅋ 밥 사요. 선배는 만화경 같은 사람입니다. 빨간 꽃이 보고 싶으면 빨간 색종이를 넣으면 되고, 빛나는 별을 보고자 한다면 반대편에서 따뜻한 광선도 쏴아 줍니다. ㅎㅠ 지루하지 않은 거울이에요.

배 신부님 : 요즘 사마귀 유치원에 나오죠. 이~뻐!!

중학교 동창 : 섬김이 즐거운 막강 동안 아줌마.

친오빠 : 귀요미줌마, 봉사오덕후, 동안종결자, 소녀교장, 오토바이 천사, 성당의 화성인, 성당의 엉뚱녀, 정신연령 18세, 한국의 아레레짱, 그러나 남편이 슈렉, 방부제 얼굴의 소유자, 넘사벽(넘을 수 없는 사차원의 벽)의 동안 종결자.

조카 : 김준희는 젤리빈이다! 젤리빈처럼 여러 색깔 개성을 갖추고 있고 다재다능한 면모를 가지고 있으니까~ 젤리빈 먹을 때 어떤 맛 먹게 될지 기대되는 것처럼 이모도 어떤 면모를 보게 될지 기대된다는 점에서 젤리빈이라 할 수 있을 것 같다.

대학교 후배 : 영원한 삐삐 소녀, 그냥 재미난 언니.

학생 : 탕수육 대자를 혼자 먹는 여자!!!

자동차수집 동호회 회원 : 영원한 다캐소녀.

자동차 동호회 형님 : 예쁜 준희, 아이 준희.

요리사 : 만화보다 더 만화 같은 분.

형부 : 꼬꼬와 야옹이를 무지 좋아하는 F1 마니아, 삐삐머리 아줌마.

공부방 동료 교사 : 폭식증 환자.

동료 교사 : 만능 뚝딱뚝딱 아줌마, 귀여운 뚝딱이 주부.

최 신부님 : 펜을 든 삐삐.

중학교 동창의 딸 : 마음만은 어리디 어린 양갈래 머리가 잘 어울리는 준희 이모.

초등학교 동창 : 360도! 360도로 아는 사람 많고, 사랑 베풀고, 대한민국 맛집 꿰고 있으니.

가수 형님 : 인생 같은 만화, 만화 같은 인생.

김 신부님 : 꽃은 떨어져도 밥은 잊은 적 없다. 아이 사랑, 밥 사랑.

가수 형님 : 2012 삐삐.

중학교 동창 : 언제 봐도 똑같은 세월을 느낄 수 없는 친구. 어리바리해 보이지만 똑소리 나고 한가해 보이지만 세상에서 제일 바쁜 친구.

대안학교 동료 교사 : 만화 9단, 주부 3단! 주부의 단수는 조정 가능하십니다. ㅋㅋ

대안학교 졸업생 : 이 세상에서 제일 솔직하고 특이한 사람.

공부방 동료 교사 : 우리 아빠 장례식에서 나보다 더 많이 운 사람. 불로초 먹은 것 같은 사람.

대안학교 졸업생 : 편안함을 주시는 조력자! 양갈래 요정 ㅋㅋ

대안학교 학생 : 신선한 삐삐마녀.

대안학교 동료교사 : 한 우물만 파라는 어른들의 말씀에 정면 도전하는 그녀. 작은 모종삽으로 신나게 파제끼는 열 우물에서 사우디산 원유가 콸콸, 즐거움의 유전 개발자.

연극배우 : 삐삐 교장님, 오도바이 방방.

친구인 만화 작가님이
그려 주신 김준희입니다.

대안학교 학부형 : 자유로운 대우를 받고 있다고 느끼게 해 주는 사람, 아이들과 함께하는 것을 아는 쌤, 내 아이의 마음을 열게 해 준 이모 같은 쌤, 여유로운 정서를 갖게 하는 느끼게 해 주는 쌤, 제겐 쌤이시네요!

대안학교 학생 : 재치 있고, 왠지 모르게 편한 친구 같은 느낌, 잃어버린 언니, 동생 같아요.

초등학교 동창 : 꿈 그리는 만화쟁이.

고등학교 동창 : 의리 만땅 고딩 동창.

고등학교 동창 : 에너자이저, 풍부한 열정을 끊임없이 적용해 가는….

큰언니 : 4차원 아줌마.

작은언니 : 바빠! 꺼져!

아빠 : 아직도 귀여운 막내딸.

엄마 : 돌아가셨지만, "사랑해" 라고 하지 않았을까.ㅠㅠ

CPE 수퍼바이저 수녀님 : 빨강색 집 앞에서 가장 눈에 띄게 보이고 반갑고 설레게 하며 좋은 인연을 찾아내고 좋은 기운과 소식을 전해 주고 찾아 줄 것 같은 사람. 인디언의 자유로움과 긍정적인 원시적인 느낌, 인사동, 혜화동, 사람다움.

대학교 동창 : 매일 조금 더 나은 변화를 꿈꾸는 작은 몽상가. 어려운 아이들을 위한 도담학교 무임금 교장이면서 자기 몸보다 더 큰 모터바이크를 몰기도 하고 냥이 키우며 만화 그리는 마음은 늘 동심이고 싶은 여자.

가수 친구 : 마음에 상처를 숨기려고 밝은 척하며 살지만 같은 처지의 아이들을 만나 신남. 김준희는 초딩 4학년이다. 그때나 지금이나 똑같으니깐.

남편 윤 씨 : 시끄러. 빨래하고 청소 좀 잘하자.

공부방 동료 교사 : 폭주 기관차, 음식 블랙홀.

만화가 후배 : 옹달샘.

CPE 팀원 : 준희는 팅커벨이다. 기쁨과 사랑의 빛을 반사하는 은가루를 천지사방에 날린다! 준희는 푸들을 생각나게 한다. 언제나 변함없는 눈빛이고, 두 팔 가득 벌려 반겨 안아 주고 싶고, 또 그 부드러움에 안기고도 싶다! 엄마 같은 딸, 준희는 사는 것이 아름다운 선물이 되게 해 주는 무지개 같은 사람이다. 준희는 수레바퀴 같다. 저보다 훨씬 큰 것들을 위풍당당하게 데리고 다닌다. 돌부리를 훌쩍 넘고 웅덩이를 건너며 덜커덩덜커덩 노래도 부른다. 쬐꼬만 것이, 참 신통하다!

*CPE : Clinical Pastaral Education

chapter 2

열 우물 파도 돼, 긍정샘

한 우물을 파기보다는 열 우물 파느라 정작 우물 발견은 힘들고 여기저기 삽질 흔적만 수북하다. 패러글라이딩도 배우다 산에 기어올라 다니는 게 힘들어 슬그머니 발을 뺐고, 항공사진을 찍어 보겠다고 야심차게 경비행기도 시작했다 집어치웠다. 말 탄다고 승마장에서 말도 좀 귀찮게 했다. 폼 나는 오토바이를 타겠다고 눈물겹게 2종 소형 면허를 따서 발끝으로 간신히 버티는 큰 모터바이크를 사서 타고 다니다 넘어지고 깨지기를 수차례. 요즘은 언젠가는 꼭 카약을 타고 제주도 일주를 해 보겠다고 큰소리를 뻥뻥 치고 다닌다. 이렇게 타는 것을 좋아해서 모형 자동차를 모으다 보니 어느덧 800대 가량을 모았다. 모형 자동차 카페를 만들어 운영자 노릇도 해 보고, 닭띠다 보니 하나둘 모아 놓은 닭 소품들도 집 안에 가득! 초등학교 때부터 모은 지우개며, 연필, 스티커 등등은 집안 구석구석에 숨어 있다. 헌책방 다니며 오래된 만화책 한두 권씩 주워 모은 것이 이제 천여 권…. 피아노도 조금, 플루트도 슬쩍, 일렉베이스 기타도 기웃거리다가 지금은 해금을 배운다.

홍대 앞에서 이탈리안 레스토랑을 운영하다가 말아먹기도 했고, 나이 들어 전공 살린답시고 상담공부도 좀 했다. 본업인 만화가로서의 창작활동을 할 때에도 과학만화, 영어만화, 한자만화, 법률만화, 심리만화, 영화만화, 애견만화에 애도 안 낳아 봤으면서 친구의 이야기를 소재로 출산육아만화도 그렸다. 역시 또 삽질 만화가답게 이것저것 다양하게도 썼다. 아프리카로, 히말라야로, 몽골로 싸돌아다니지만 지금 나에게 가장 중요한 우물은 대안학교다. 지금껏 갈고닦은 다양한 삽질 기술로 이젠 한 우물을 제대로 파고 싶어졌다.

열 우물

나는 관심사가 많다. 하는 일도, 했던 일도 많다.
먹고 싶은 것도 많고, 하고 싶은 것도 많다.
그래서 아주 그냥 열 우물을 파느라 삽질을 한다.
그래도 열 우물을 열심히 파다보면
강이 아닌 바다와 만날지도 모른다는 생각에
오늘도 열심히 삽질을 한다.

행복 파기

열 우물을 파다보면
언젠가는 바다로
이어지겠지~
내가 행복해야
모두가 행복한 거야.
행복한 우물을 꼭 파고 말테다~

안 되는 게 없는 계획표

우쿨렐레

대안학교 여자아이들이 우쿨렐레를
배우고 싶다고 하여 구입한 우쿨렐레~

그리고는
시도 때도 없이 띵까띵까~

만날만날
〈울면 안돼〉만 쳤다.

그리고 이제
누워서도 막 친다.

그런데 해금 연주 소리가
좋아서 해금을 배우기 시작했다.

그래도 한동안은
열심히 딩딩거렸는데~

요즘은 먼지만 쌓여 간다.

이보게, 우쿨렐레~
인연이 있으면 다시 만나게 되지 않겠나~

서로 다른 우리

도담학교 아이들에게 말해 주고 싶었다.
세계에는 피부색과 언어, 생활환경과 성격이 다른 사람들이 많다는 사실을.
하지만 자신이 처한 상황에서 각자 열심히 살아가고 있다.
지금은 대안학교에서 높고 멀리 날기 위한 연습을 하고 있는 우리 아이들도
각자의 꿈을 향해 열심히 도전하고 있다는 사실을 나는 알고 있다.

나도 테니스 선수

중학교 때
테니스를 아주 조금 친다는
이유로 테니스부에 들어갔다.

테니스 경기를 보는 것을 좋아했고
가끔 치는 것도 좋아했다.

존 매켄로, 비외른 보리에 이어
이반 렌들, 피트 샘프라스,
로저 페더러까지 다양한 훈남 테니스 선수들의
경기 실황을 뜬눈으로 지새우며 보는
열성 팬이기도 했다.

지금은 실내에서 열심히
테니스를 친다.

치다가 출출하면 괜히
실제 선수들이 그러는 것처럼
바나나도 먹고 초코비도 먹는다.

이상
테니스 게임 마니아의
소소한 일상이었습니다~

퀸오브 ABC

네팔의 히말라야 안나푸르나 트레킹을 갔을 때,
고산병 증상이 생길 수 있으니 술은 되도록 먹지 말라
는 말을 듣고 출발했다. 그러나~
A-Annapurna 안나푸르나
B-Base 베이스
C-Camp 캠프
해발 4,130m
드디어 A, B, C 도착~
4,000m
3,000m
2,000m
1,000m
1,000미터 올라갈 때마다
매일매일 알콜을 섭취하여
근육 이완을 시켰고
드디어 무사히 목적지인
안나푸르나 베이스 캠프에 도착했다.

고산병 증상 없이 올라온 것을
자축하며 해발 4,130미터에서
럼주를 시켰는데 너무 달았다.
그리하여 맥주와 섞어
럼맥 폭탄주를 제조하여
마셨다. 좀 많이~

그날부터
내려오는 내내
나를 만나는 외국인들은
나를 'Queen of ABC'라고
불렀다.

그렇게 높은 곳에서
그렇게 많은 술을
그것도 섞어서 먹는
여자를 본 적이 없다며…
Never Seen~

그리고는
콜라를 사 먹는
나를 보면

라고들 했다.

나름 국위선양!

잠비아, 무탄다

잠비아에 다녀왔다. 기록을 많이 하고 싶었는데
너무 바빠서… 많이는 못 하고~
잠비아에서 아이패드로 끄적끄적 그렸던
만화일기 그림들을 꺼내 본다.

내 키만한 가방을 이고지고
인천공항으로!

케냐 항공 비행기 안에
여기저기 써 있는
'비상구'라는 말이
'Kutoka'이다.
무슨 주문 같았다~

케냐 공항에서 잠비아로 가는
비행기를 기다리면서 마신 커피는

커피가 많이 나서 그런지
커피 양이 어마어마했다.
컵이 겁나 길었다~ 그야말로 Tall!!

잠비아 정말 멀다.

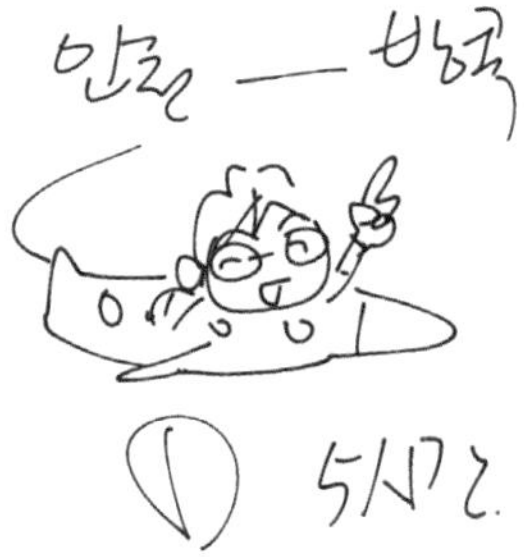

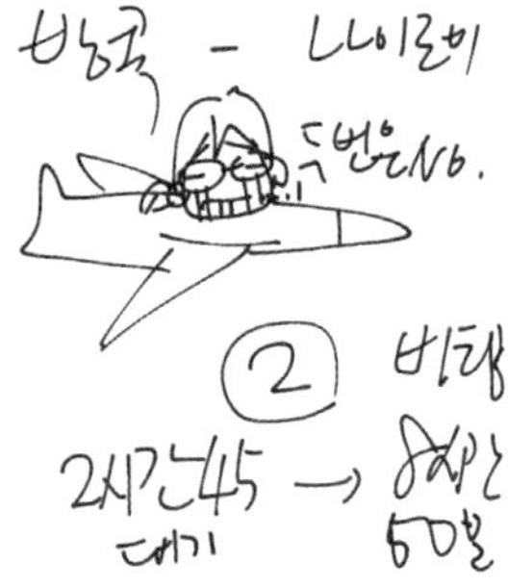

인천에서 방콕까지 5시간,
방콕에서 2시간 45분 대기…
방콕에서 케냐 나이로비까지 8시간 50분…
나이로비에서 잠비아 은돌라까지 3시간~~
그리고 최종 목적지인 무탄다까지 육로로 400km…
멀다~~

비행기에서
내리기 직전의
나의 상태….

잠비아 무탄다에 도착!
햇빛 알레르기가 있어서 모터바이크용
손수건을 입에 하고 싸돌아다녔다.
생각보다 아프리카 날씨가 선선해서
긴팔에 조끼를 입고 다니니
동료 교사가 덥지 않냐고 경악을….

나이 들면 마이~~
춥다오~

이것저것 무리를 좀 했더니
결국 잠비아 가기 전날 얼굴에
물집이~

잠비아에 가서는
더 커져서 고양이
주먹만해졌다.

첫날, 20명의 아이들을 데리고 놀았더니
다음 날은 40명, 그다음 날은 80명
결국 마지막 날엔 100명의 아이들이 우리를 만나러 왔다.
그 아이들 중 가장 뭔가 부족한 꼬마, 그러나 제일 마음이
쓰이고 보고 싶은 귀여운 친구, 부요!

매일매일 그림도 그리고
놀기도 하고 여러가지 활동을 하면서
아이들과 금방 친해져 버렸다.
이 친구들 때문에 집에 오자마자
다시 짐을 꾸렸다.
얼렁 다시 만나러 가고 싶어서~

매일 야영

몽골 자원활동 갔을 때
얇은 침낭 때문에
고생을 했었다.

다음 날….
좀 두툼한 침낭을 시장에 가서
사다 덮은 후에야
잠을 제대로 잘 수 있었다.

그런데 침낭 생활이
어찌나 편하던지~
한국에 와서도
쭈욱 침낭을 이불 대신
쓰게 되었다.

A형 간염

잠비아 자원 활동을
갔을 때의 일이다.
성당 마당에
까맣고 반들반들한
씨앗 같은 것이
떨어져 있었다.
냄새를 맡아 봐도
아무 냄새도
나지 않아 신부님께
여쭤 보았다.

그리고 손으로
뭉쳐서 먹는 '시마'라는
음식도 먹었다.

그런데 같이 갔던
물티슈 마니아라고 불릴 정도로
깔끔한 동료 교사가 A형 간염에
걸려 입원을 했다.

염소똥을 만지고
세수도 안하고 잤던 나는
멀쩡했는데….

배멀미

작은 통통배를 빌려서 서해 바다로
바다낚시를 가기로 한 우리는
새벽 5시에 집에서 나왔다.

그러나 바다낚시는
장난이 아니었다.

나중에는 허리를 구부리지 않고
그냥 서서 오바이트를 해댔고
그럴 때마다 고기가 막 잡혀 올라왔다.

먹은 것에 따라 각자 다른 색깔의
불기둥을 뿜었다.

한참 불기둥을 뿜고 시계를 보니 아직 오전 8시.
배는 오후 3시에 육지로 간다는….
오, 마이, 갓!

인라인스케이트

평소엔 이렇게 완전무장을 하더니만.
우리슈퍼
ICE ICE
어디 전쟁이라도 났냐~

아프냐~~옹
꼭 보호장비만 없이 나가면 이런다니까…

맞다! 저 인라인 스케이트 어딨냐?
기… 기증했어~
위기다! 도망가자~!

추억의 손수건

잠비아에서 같이 지냈던 사람들 얼굴을
손수건 안에 그려 넣었다.
이럴 때 내가 그림을 그릴 수 있다는 것이
행복하고 감사하다.

지름신 강림

자동차에 관심이 많았던 나는
프라모델을 만들기로 마음먹고
시행했다.
그러나 '곰손'에게는 무리였다.

자동차 모형을 금속으로
정교하게 만들어 놓은
'다이캐스팅 모형 자동차'라는 것이
있다는 것을 알게 되자….

지름신을 맞이하게 되었다.

언제나 검색 중

치치는 나와 늘 어디가 싸게 파는지
신제품이 뭐가 나왔는지
검색 중이다.

그러나 며칠 후

이유는….

늘 검색 중이라고
항상 싸게 사는 건
아니다.

박스 공해

다이캐스팅 자동차를 모은다. 800대 넘게 모았다.

윤 씨가 물으면 무조건
"3만 원"이라고 답한다.
알면 다친다.

프라모델이 플라스틱으로 만드는
모형으로 내가 직접 손으로 만들어
완성해야 하는 모형이라면
다이캐스팅 자동차는 금속재질로 만든
완성된 자동차 모형을 말한다.

그나저나
이렇게 모으다 보니
쌓인 박스가
모형 자동차만큼이다.
버릴 건 과감하게
버려야 할 텐데….

닭 모으기

윤 씨와 나는 닭띠다.
그 이유로 모으기
시작한 닭들이
닭장을 가득 채우고 있다.

수집품들

여기저기
돌아다니면서
모은 배지들을
나무 액자를 만들어
꽂아 놓았다.

영광스럽게도
나와 생일이 같은
생텍쥐페리의
어린왕자 인형~

냉장고 밖도 예외 없이
자석으로 가득 찼다.

도전

승마, 패러글라이딩, 경비행기 조정 등
헬멧 쓰고 하는 것은 다 도전!

대금

텔레비전에서 대금 연주 소리가 들린다.
대금 소리를 들으니 대나무 숲에 앉아서
대금을 부는 모습이 떠올랐다.
참 좋다~

라이더

다리가 짧아서 뭐든 타는 데는 무리가 있지만
그래도 스피드를 즐길 때만큼은 자유로움을 느낀다.

요가

한동안
요가를 배웠다.

혼자 등 밀기 힘들 때 필요할 것 같아서….
그런데 도움이 되진 않더라는….

모터바이크 사고

4월 어느 날, 친구를 만나러 모터바이크를 타고
명동의 백화점에 가고 있었다.
가까운 곳이라 풀페이스 헬멧이 아닌
가벼운 헬멧을 쓰고.

그런데 갑자기
눈이 펑펑 왔다.

앞은 안 보이고
바닥은 쇠로 된
지하철 공사 구간이라
미끄러웠다.

결국 정지 신호에서
혼자 미끄러지며
넘어졌다.

이렇게 혼자 넘어졌을 때 느껴지는 감정은?

1. 아~ X팔려!
2. 아~ 내 모터바이크!
3. 아~ 아프다.

주섬주섬 일어나서 백화점에
들어가니 내 앞으로 홍해 갈라지듯
사람들이 좌악 길을 비켜 주었다.

백화점 화장실에 들어가서
거울을 보니 턱 아래와 옷,
헬멧이 온통 피투성이였다.
액션 영화 주인공 같았다.

명동엔 정형외과가 없어서 결국 널려 있는
수많은 성형외과 중 한 곳을 골라 들어가
16만 원이나 주고 턱을 꿰맸다.
정형외과는 2만 원이라는데….

키가 작은 나는 여전히
짧은 다리를 아쉬워하며
모터바이크를 타고 있다.

여행 가고파

여름이면 바다로 가자
티셔츠에 카메라를 넣은 배낭에
탐험가 모자를 쓰고
어디로든 놀러 가고 싶은데

이러저리 우물 파러 다니느라
여행은 저 멀리~

자전거탄풍경 앨범재킷

내가 그리고 디자인한 자전거탄풍경 새 앨범

가수 강원래 덕분에 알게 된 자전거탄풍경 형님들.
공연 때마다 학교 아이들을 초청해 주셔서
늘 공짜로 문화생활을 즐길 수 있었다.
도담학교 아이들에게 너무나도 큰 도움을 주고 계시다.
그런 인연으로 2012년에 나온 자전거탄풍경 음반 재킷
디자인도 하게 되었고 〈안아드립니다〉 공연에 갔을 땐
무대 한가운데 걸린 내 그림에 아이들과 즐거워했던 기억이 난다.
이렇게 늘 주변에서 도움을 주고 계신 분들 덕분에
오늘도 우리는 도담도담 잘 자라고 있다.

가끔씩 생각나는 치뽈리나

식당을 운영하는 것은 꽤나 힘든 일이었다.
여름이면 요리를 하는 것이 보이게 만든
오픈 주방이라 동남아식으로 늘 더웠고
겨울이면 주방 환풍기 때문에 시베리아식으로 늘 추워서
문제였던 정통 이태리 식당 치뽈리나.

맛있는 것을 먹는 걸 좋아하는 내가
겁없이 차렸던 홍대 앞 이탈리안 레스토랑 치뽈리나.
망했지만 배운 것도 많았던 곳이다.

건망증1

홍대에 차린 이탈리안 레스토랑
치뽈리나에서 사장 노릇을 하던 시절
늘 앞치마를 하고 일했다.

직업병

레스토랑에서
일을 할 때다.
집에 놀아와서 윤 씨와
야식으로 얼굴만한
돈가스를 먹으러 갔는데

“여기요~~”
라고 부르는 소리에
반사적으로 대답하며
자리에서 일어났다.

이런 것도
일종의 직업병이 아닐까…

저리 가, 마감

날개

‘낮에 좀 할걸~’
하며 밤샘 작업을
하는 날이면

요즘 유행하는
정신이 번쩍 들게
해 준다는 음료들~

사실 날개는 초록병, 갈색병을
적절한 비율로 섞어
제조한 폭탄을 흡입하면
달려 있더라~

잠이 보약

원고 마감이 끝났다.
푸욱 자고 싶다.

잠이 보약!
가끔은 푸욱 자자!

시트콤이 따로 없는 우물 파기

도담학교 생활도 집에서의 생활도
시트콤이 따로 없다.
늘 새로운 에피소드가 우물물처럼 샘솟는다.
오늘도 나는 시트콤의 주인공!

chapter 3

다 잘 돼, 주부 9단

결혼 17년차에 애가 없으니 이거야말로 제대로 삽질한 셈…. 가위가 없으면 요리를 못하고, 밥물 맞추는 실력은 여전히 허접스러워 진밥, 된밥을 오락가락하느라 학생들에게 눈총을 받는다. 17년째 주부 9단이라고 외치고 다니지만 그 9단이 100단 중에 9단이라는 건 지나가던 햄스터도 안다. 그래도 집은 다 굴러간다.

주부생활 하면서 모든 곰팡이 종류는 다 보았다고 자신 있게 말할 수 있게 되었다. 분리수거일은 놓치기 일쑤라 베란다를 재활용 쓰레기로 꽉 채우기도 한다. 화초는 제대로 못 키워서 늘 죽이고 말지만 야생화를 찾아다니며 사진을 찍는다. 같이 사는 고양이들 털 관리를 대충하다보니 온 집 안은 털투성이가 된 지 오래. 그래도 목욕물 아깝다고 옷 입고 빨래 겸 목욕도 하는 나는 나름 알뜰주부다. 보통의 주부들이 주부 9단이라면 나는 삽질 주부 9단이다.

다림빵

가장 금방 쉽게
먹을 수 있는 간식이 토스트!

그런데 토스터 안이
은근 더러웠다.

그래서 개발한 것이
다림 토스트!

난, 다림판 위에 종이를 깔고
빵을 올린 뒤 다시 종이를
한 장 더 덮어야 한다.

힘 조절이 필요하지만
노릇노릇 맛있다.

따라하지 마시고
빵은 그냥 토스터에 구우라는
관찰자 윤 씨의 당부!

곰팡이 폭탄

곰팡이라면
내가 또 좀 안다.

쌀에는 예쁜 주황색
곰팡이가 핀다.

쌀에 습기가 생기면
주황색 곰팡이가
생기는 듯~

식빵에는 흔하디 흔한,
이제는 친근한 파란색
곰팡이가….

먹다 남은 집들이 고사떡을
밥공기에 넣어 두었더니

폭탄으로 변했다.

푸른곰팡이가 좁은
밥공기 안에 생기고 커지고
생기고 커져 눌려 있다가
뚜껑이 열리는 순간
"퍽" 소리를 내며
공기 중으로 퍼진 것이다.

그 이후로도
김치 곰팡이, 오이피클 곰팡이,
원두커피 곰팡이 등등
나를 거쳐 간
곰팡이가 많다.
모두 나의 친구다.

어디에 어떤 곰팡이가
생겨도 두렵지 않다.

미역의 공격

남편 생일날.
미역국 좀 끓여 보자!

미역을 대충
헹궈서~

미역을 불려 놓아야 한다는 사실을 몰랐던 나는
집에서 제일 큰솥에 미역 한 봉지를 털어 놓고 펄펄 끓였다.

그런데 조금 있으니 미역이 자꾸자꾸
솥단지 밖으로 꾸역꾸역 나왔다.

윤 씨
있잖아…
저기… 미역이
자꾸만 기어 나와.

지금도 미역국은 남편 윤 씨가 잘 끓인다.
참고로 그 미역 한 봉지는 20인 분이었다.

큰손 김 씨

나는 손이 크다. 손바닥이 넓은 것이 아니라
음식을 했다 하면 엄청나게 많이 한다는 이야기다.

처음엔 작은 그릇에 물을 끓이고
요리를 시작한다.

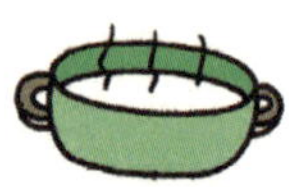

그리고 재료를 이것저것
좀 많이 넣는다.

그러다보면 어느새 그릇이 넘치고 만다.

그러면 더 큰 그릇을 꺼낸다.

결국은….

결국 일주일 내내 같은 음식을 섭취한다. 심플하게!

빨래통

오래된 나의 핸드폰은
집에만 들어오면
잘 터지지 않는다.

그래서 전화가 오면
냅다 뛰어가는 곳이 있다.

바로 다용도실!
여기서 만큼은
남부럽지 않게
핸드폰이 빵빵
잘도 터진다.

빨래통 안에 있다고
내가 빨래가 되는 것은 아닙니다.
내가 처한 상황이 힘들다고 주저앉아 버리지 맙시다!

목도리도마뱀

추위를 많이 타는 나는
10월부터 다음 해 4월까지
목도리를 두르고 다닌다.
콜록!

카타르시스

싸구려 컵이 깨지면
희한하게 후련한 마음이 들면서
묘한 카타르시스가 느껴진다.

철없는 짓!

그러나 비싼 컵이 깨지면

몰래 버린다….

자두 씨

새콤하고 달달한 자두가 좋다.

그런데 다 먹은 씨
주변에 금방금방
초파리가 생겼다.

그러다 생각해 낸 방법!

자두씨를 1회용 비닐 장갑
손가락 모양 한 칸에 넣고
그 부분만 묶는 거다.

손가락이 다 차면 버리면 된다.
역시 나는 주부 9단이다!
1,000단 중에….

건망증2

요즘 너무 깜빡깜빡 하는 것 같아!
잘 쓰지도 않는 집 전화.
건망증만 아니면 확 해지할 텐데…
건망증이랑 뭔 상관이냐.
핸드폰 어디 뒀는지 모를 때 필요하거덩~

응달

건물이 많아질수록…

응달이 자꾸만 많아진다.

그래도 그 틈으로 들어오는
햇살이 있어 행복하다.

연쇄 살생기

녹비단이라는 다육식물을 샀다.
이번엔 정말 잘 키워 보리라!

이번엔
다정하게
말도 걸어 주고~

'기'도 불어넣어 주고!

가끔 햇빛을
많이 보여 준다고
들고 산책도 했는데….

또 마지막 잎새만 남고 말았다.
녹비단의 다른 이름은 나비라는데
나비처럼 훨훨 날아가 버리려나~
미안해. 녹비단….

시어머니 방문

비상사태가
벌어졌다.

이럴 때는 지저분한 걸
모두 한쪽 방으로 몰아넣는다.

고양이들도….

숨이 턱에 차서
인사를 드리면….

쑥 캐기

어머님이 쑥을 캐 오라고 하셨다.

일단 쑥을
식별하는 것엔
성공~!

그런데 왜 과도를 주셨을까?
그냥 막 뽑으면 쉬운데~

사실 쑥을 캐거나, 뽑는다기보다는 쥐어뜯어서
엄청나게 많은 양의 쑥을 빠른 시간에 한 봉다리 모아 왔다.

어머님은 쑥은 과도로
아랫부분을 쏙쏙 캐내야
하는 거라고 하셨지만
왜 그래야 하는지는
아직도 잘 모르겠다.

어차피 쑥떡을 만들면
개떡같이 되던데….

아줌마

작은언니는 개를 키우고

나는 고양이를 키운다.

그리고 큰언니는
애를 키운다.

추가로
나는 술 마시면
돼지가 되는
남편도 키운다.

우리 집 세 자매는 각각 다른 형태의 아줌마다.

큰언니는 결혼해서
애가 둘인 아줌마고

작은언니는 결혼은
안 했지만 나이로 인해
아줌마고

나는 결혼했지만
애가 없다.
이것도 아줌마다.

여자들은 어떤 형태로든
아줌마가 되지만 다들 그 말을
참 싫어한다.
뭐 어때! 아줌마라도 멋지게
살면 그만이다!
당당해지자. 아줌마!

감정의 재활용

곧 재활용품 쌓이듯
다시 쌓이겠지만….

밀린 빨래

오늘은 꼭 밀린 빨래 해야 하는데….
귀찮아, 귀찮아~
그럴 때 타이밍 좋게도 좋은 핑계가 생겼다~
갑작스런 한파로 물이 얼 수 있으니 빨래는 자제해 주시길….
그으래? 아싸!
검정색 양말이 쫘악 모여 있으니~
까마귀 같다~
검정색 양말들~

대답계의 왕녀

어머님이 오이를 썰라고 하신다.
나는 대답은 잘도 한다.
완전 대답계의 왕녀다!

어느 천년에 내가 오이 세 개를
다 썰까 하는 생각이 든
어머님은 곧 다른
미션을 주셨다.

그냥
설거지나
해라~
네, 어머님~
설거지를 하다가
가끔 그릇을
깨뜨리면~
"다친 곳은 없니?"
하신다.
네,
어머님~
너그러우신 양반~~

집들이 연습

첫 집들이 날.
요리에 자신이 없는
나는 가장 만만한
친구들을 불렀다.

열심히
장을 보고

요리 책을
뒤적이고

집들이 실험에 들어갔다.

요리 책을 보고 만든
검증되지 않은 음식들을
하나둘씩 상에 가져다 놓고~

2인용 전기밥솥만 써 본 나는
처음으로 10인분 이상의 밥을 지어야 해서
압력밥솥을 사용하게 되었다.

결국 밑바닥에 까맣게 탄 검댕이가 없어지지 않아서
거의 한 달 동안 윤 씨와 번갈아 가며 닦다가 버렸다.
미안해~~ 밥솥!

얼음 걸레질

집에 앉아서 햄버거를
잘도 배달시켜 먹는다.

그러다 콜라의 얼음을 보고
주부 9단의 아이디어가 떠올랐다.

얼음을 냅킨으로 싸서 방바닥을 닦는 거다~

방바닥에 눌어붙어 잘 닦이지 않았던
자국들이 쓱쓱 닦여 나갔다.
얼음이 녹으면서 조금씩 조금씩 물이 나오니까
그 물기로 계속 싹싹 잘 닦을 수 있었다.
점점 손이 시렵다는 단점이….

보너스!
음식물 쓰레기
버리기 귀찮을 땐
꽁꽁 얼렸다가
나갈 때 버린다.

물 절약

목욕을 하다보면 물이
아깝다는 생각이 든다.

나는 알뜰 주부니까
가끔 옷을 입고
목욕을 한다.

그냥 말려 보니
물이 뚝뚝….
마르는 데 천년은
걸릴 듯하여
탈수는 세탁기에게
부탁한다.

연쇄 살생2

나는 식물만 키웠다 하면 족족 죽이는 재능을 가졌다.

줄어든 옷

미용실

어느 날
시월드(시댁)에서
도련님 결혼식에 올 때
한복을 입고 오라는
전화가 왔다.
미용실도 다녀오라고
하셨다.

그래서
한복 입을 때 하는
올림머리를 하기 위해
미용실에 갔다.

대략 이렇게 변신!
전문가의 손길~

다시 집으로 오려니
올림머리 때문에 헬멧이
절대로 들어가지 않았다.

그런데!

오라고 하는 경찰아저씨를 멀리한 채
급한 손짓 발짓으로 "내가 모터바이크 시트 안에 헬멧이 있으나
이 머리를 좀 봐라~ 미용실에서 바로 나온 머리 아니냐"라는
바디랭귀지를 날렸다!

그러자 경찰 아저씨가 어이없는 표정을 짓더니

하는 것이었다.

재활용

일주일에 하루, 오전 9시까지만
재활용 수거를 할 수 있는 우리 아파트는
나 같은 사람에겐 최악의 아파트다.

베란다에 더 이상
발 디딜 틈이 없어지면
큰 결심을 하고, 알람을 맞춰 놓고 재활용 행사에 들어간다.

이렇게
열 번쯤 왔다 갔다 하다 보면

하고 경비 아저씨가 물으신다.

물론, 더 있지요. 암요~
다섯 번은 더 왔다 갔다 했다.

시아버지 방문

밤늦게 갑자기 시아버님이 오신다는
전화를 받았다.

밥을 해 놓으라고 하시는데….

비상사태다!

겨우 한 공기쯤 되는
적은 양의 쌀을 씻는데
물을 확 틀었더니

쌀이 다 도망가 버렸다.

나의 소중한
비상식량을 꺼내~

햇밥을 집밥으로
변신시키는 시술 중….

역시
전문가들이 만든
밥이야~!

그 밥을 드신
아버님은

하시며 흡족해 하셨더라는
훈훈한 일화였습니다.

그리고는 쭈욱 혼자 '아버님 말씀 시간'이 이어졌다.
주로 아버님이 말씀하시고 나는 조용히 듣기만 한다.

그날 밤….
아버님을 모셔다 드리고 집으로 돌아오는 차 안에서

그럼 어머님은 적어도 천 번쯤 들으셨겠구나….

콧물

노란 콧물이 코에서 달랑달랑,
쫄깃쫄깃 왔다리 갔다리~

훅! 하고
숨을 들이쉬면
쏙! 하고
콧물이 다시 들어온다.

오늘도 휴지 절약 성공! 알뜰 주부!

형부 조카

조카는 많을수록 돈이 많이 들지만
형부는 많을수록 좋을 듯한데

결혼 안 한 언니 덕에
두 명일 수 있는 형부가 딱 한 명뿐이다.

스스로에게 칭찬하기

내가 나에게 칭찬해 줄 수 있으면 그걸로 된 거다.

chapter 4

달라도 돼, 절대긍정 부부

동갑인 남편 윤 씨는 늘 삽질 마누라를 기다린다. 그가 군대에 간 3년을 기다려 준 것처럼. 직장 다니느라 자유롭지 못한 남편 대신 대리만족을 하게 해 주겠다는 묘한 발상을 세뇌시켜 세계 여기저기를 다녀 주는 나를 기다리고, 대안학교 나가랴, 술 마시러 다니랴, 삽질 같은 취미 생활하러 다니랴 바쁜 나를 또 기다려 준다. 대안학교 아이들에겐 절대 주지 않는 라면을 남편에게는 밥 먹듯 주고 밥보다 떡볶이를 더 많이 해먹고.(그래서 떡볶이는 제법 잘한다.) 과자나 빵으로 식사를 대신하기도 한다. 대안학교 설거지는 잘도 하면서 우리 집 설거지는 매일매일 수북수북, 먼지는 푹신푹신. 고양이 털이 고스란히 붙은 양복을 입고 출근하는 남편의 모습을 보면 무지하게 미안한 마음이 든다. 그래서 바가지는 절대 긁지 않는다. 바가지는 일찌감치 안드로메다에 내다 버렸다.

아이가 없는 윤 씨와 나는 집에서 고양이를 키운다.

괴롭히기 위해서 고양이를 키운다고 말하는 윤 씨는 일명 고양이 테러리스트다. 그래서 늘 우리 집 고양이들은 윤 씨를 피해 숨느라 바쁘지만 우린 알콩달콩 한 가족이다. 사실 처음엔 강아지를 키우다 아파트에서 개를 키우기가 너무 힘들어 햄스터를 키우다 드디어 고양이를 키우게 되었다. 10년 넘게 고양이를 키우다 보니 집 안은 엉망이다. 뜯겨진 벽지, 소파는 너덜너덜 모든 옷에는 고양이 털 투성이… 윤 씨의 알러지 때문에 11년만에 학교로 이민간 고양이들…. 강아지들처럼 주인을 반기며 꼬리를 치지는 않지만 이제는 제법 내 맘을 알아주는 것 같다. 사고뭉치 우리 냥이들은 이제 학교에서 딩굴딩굴 둥글게 살아가고 있다. 긍정의 힘이 세상을 바꾼다고 믿으며. "절대 잘될 거야~~ 아자!"

한여름 보일러

사건의 전말은 이렇다.
장마철 습기를 말린다고
윤 씨가 잠깐 보일러를 켜자고 했다.
그래서 켰다.

그런데 놀다가
집에 들어오니
온 집 안이 후끈후끈
찜통이었다.

윤 씨는 내가 칠칠맞다며
에어컨이 없는 방에 들어가서
반성을 하라고 했다.

윤 씨는 마루에서 에어컨을 빵빵
틀어 놓고 텔레비전을 보다가도
바깥 상황을 살피려는
내 시선을 알아챘다.

같이 까먹은 건데
나만 찜질방 같은 방에
갇히게 된 것이 너무너무
억울했다.

그러나 곧 내 안의
김긍정 여사가
나타났다.

1. 공짜로 찜질방 왔다고 생각하자!
2. 방 안에는 인터넷이 되는 컴퓨터가 있다.
3. 냥이들도 있다.
4. 화장실도 있다.

그날 나는 냥이도 출입되는 공짜 찜질방에서
인터넷 게임을 신나게 했다.

다음 날, 온 동네 친구들에게 전화를 해서
사건의 전말을 말하며 윤 씨를 씹었다.
친구들은 나보다 더 흥분해서
내 대신 육두문자를 날리며 욕을 해줬다.
후련~~했다. 친구란 참 좋은 거다.

그런데 나중엔 내가
윤 씨 편을 들었다.

잔머리

나는 술도 조금 한다.

술 마실 땐 어찌나
시간이 빨리 가는지
벌써 새벽!

그런데 아파트 단지 내
벤치에서 어디서
많이 본 듯한
인간이….

구두를 몰래 들고 가 버릴까, 하고 생각할 즈음
주섬주섬 일어나는 것이었다.

운동화를 날리며
후다닥 들어가
꾸물꾸물
쏙
재빨리 침낭 안으로!
착

자는 척을 하려는 순간….

그날의 사건을 정리하자면

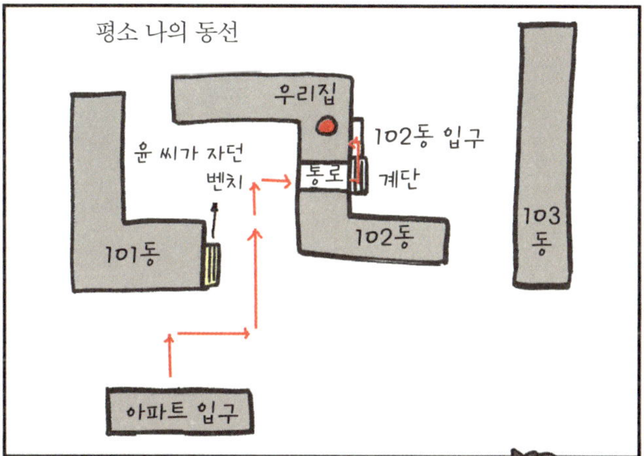

빨리 움직이면 먼저 도착할 거라고 생각한 나는
냅다 뛰어 집으로 먼저 들어가는 데는 성공했지만
계단에서 현관으로 뛰어 들어가는 것을 윤 씨가 본 것이다.

여자 사람

선크림 대충 바르고
온종일 싸돌아다녔더니
봄볕과 황사를 다 뒤집어쓰고
얼굴이 뒤집어졌다.

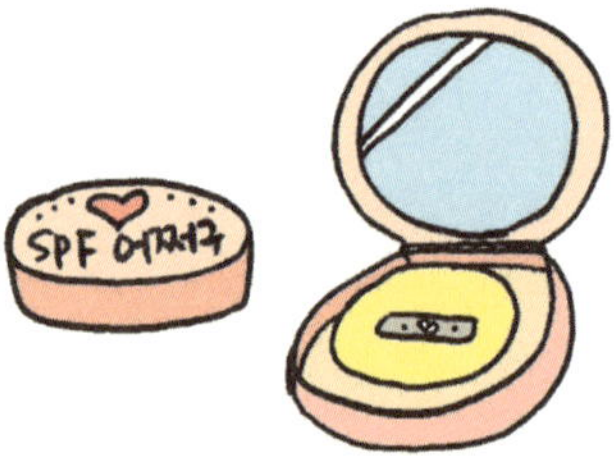

피부과에서 선크림을
덧바르거나 SPF지수가 있는
파우더를 바르는 것이
도움이 된다 하여
여자 사람이 쓰는 '팩트'라는
것을 샀다.

이사 오셨어요

집이 좀 지저분하다.

그래서 잘 모르는 분들은

인체의 신비

열 받아서
화가 나면 안 춥고

욕을 먹으면
배가 안 고프다.

모든 게 마음먹기
나름인가 보다.

내가 이렇게 말하면

라고 묻는다.

이상하다.
밥 먹은 지 1시간 지났는데
곧 배가 고프다.
그것도 아주 많이~

나만의 인체의 신비다.

인체의 신비2

배고픈 어느 날 오후

어디선가 음식 냄새가
솔솔 났다.

그건 음식물 쓰레기 냄새였다.

바꿔

껍질이 얇은 귤 친구, 천혜향.
귤보다 맛있지만 껍질이 얇아 까기가 좀 귀찮다.

윤 씨는 꼼꼼한 성격이라
껍질을 잘도 깐다.

곰손인 나는
이렇게 한다.

보이차 고문

남편 윤 씨는
보이차 마니아다.

큰 머그잔으로는 세잔 분량,
작은 잔으로는 40~50잔을
마셔야 한다고 자꾸만
잔을 채워 준다.

보이차를 마시면 화장실에는
정말 쥐방울이 드나들듯 가게 된다.
그리고 과도한 가스 방출!

핑계

과자 사 먹을까?
새우깡, 포테토칩, 땅콩강정, 맛살~ 그리고 아이스크림이랑 젤리젤리.
그럼 같이 가든가.
나는 춥고, 졸립고, 다리도 아프고, 머리도 간지럽고…
알았어! 핑계를 지구 반 바퀴 돌 법하게 대고 있네!
땡큐!

우린 미쳤어

새벽…

밥을 새로 하고 고등어를 굽는다.

이미 저녁식사로 피자, 짜장면 등
고칼로리를 섭취한 그들이지만….

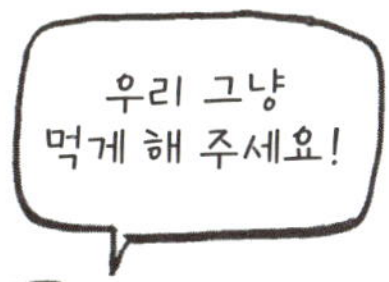

최근 둘 중 밤에 누군가 먼저 먹자고
제안하면 상대방이 한 번쯤 거절하는
시늉이라도 하자는 협약을 맺었다.
협약은 협약일 뿐….

중독자

그러던 어느 날….

요즘은 짭짤한 과자와
달달한 과자를
검정 봉다리에 넣고
흔들어서 먹는다.

그리고 잠시 후….

입이 심심해~~

뭔가
씹고 싶다!

스트레스~

이럴 때 필요한 게
과자! 달달한 초콜릿!

나는 과자 말고 아이스크림도 빨리 먹는다.
휴가 나온 군바리처럼….

똑같은 아이스크림을 먹어도

그리고….
음료수도 남들보다 조금 빨리 마신다.
어떤 이는 내가 하관을 열고 마시는 듯하다 하고
어떤 이는 폭주기관차라고도 한다.

남들이 뚜껑을 따고 빨대를 꽂을 무렵이면
나는… 트림을 한다.

참고로 주둥이가 넓은 음료수 병이
빨리 마실 수 있어서 좋다.

내 맘대로 패션

나의 패션은
'내 맘대로 패션'이다.
내가 마음에 들면
그냥 막 입고 나돌아 다닌다.

아버지 한복 조끼에
단추를 바꿔 달고
입고 다녀 친구들을
경악하게 만들기도 하고

마구마구 겹쳐 입는 건
다리가 굵은 저중심 설계인
나의 체형을 철저하게
감추기 위함과 더불어
보온성이 뛰어나기 때문이다.

추리닝 패션은 역시
최고의 편안함을
제공해 준다.

한마디로,
"내 맘이다!"

그게 나

푸드코트를
옮겨 놓은 듯한 야식과

다양한 종류의 책을 좋아하고

입고 싶은 대로 막 입고

버리지 못하고 이것저것 수집을 해서
집이 뭔가 복잡하지만~
내 멋에 살고, 만족한다. 그게 나다.

스티커

급하게 나가려는데
옷에 빵꾸가 났다.

커다란 스티커를 찾아
떡하니 붙이고 나간다.

친구들은 나를 좀 창피해 했다.

자유

밤늦게 오토바이를 타고 나가
친구를 만나고 돌아오는 길….
일부러 돌고 돌아 북악스카이웨이를 지나
집으로 온다.
자동차를 타고 다닐 때보다 몇 배는
더 진하게 느껴지는 5월 아카시아 향기가
가득한 밤공기는 마음껏 자유롭다.

이상한 안경

특이한 안경을 샀다.

단돈 1만 5천 원!
그러나 렌즈 값이 3배~

기분이 꿀꿀한 날 쓰고 나가서
주변인들을 놀래킨다.

가끔 써 보자는
사람도 있다.

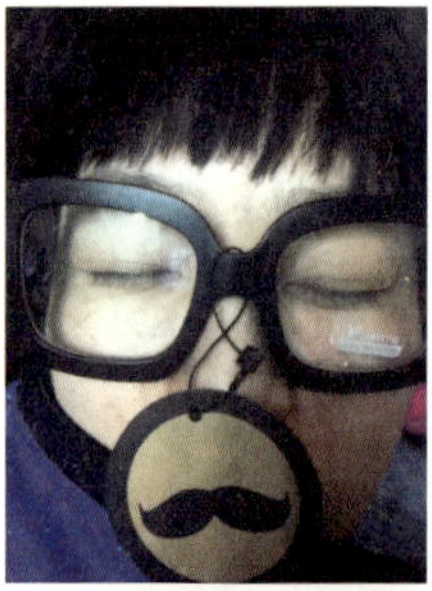

반응:

1. 어디서 또 그런 걸 샀냐! (답변: 가로수길)
2. 어디서 팔아? (답변: 1번과 같음)
3. 너 답다. (답변: 그래?)
4. 그 나이에 그러고 싶냐~ (답변: 이 나이니까 하지, 어때!)
5. 꺼져! (답변: 내 맘이야!)

기분 좋은 날

작은 일에 즐거워하면, 더 자주 즐거울 수 있습니다!

절대 잘돼!

사이좋게

대청소를 하다가 발견한
돌아가신 엄마의 오래된 크리스마스카드.
"저도 여전히 사랑합니다."

애들도 요즘 사이 많이 좋아졌다.

아버지의 시조

새소리

아침의 새소리는 즐겁기만 하더이다.
무엇이 그리 좋아 희희낙락 지저귀나.
아마도 욕심 없으니 걱정 없어 즐겁겠지.

아버지가 퇴직을 하시고
나이가 드시니 일기처럼 매일 시조를 지으신다.
365일 빠지지 않고 적어 놓으신 공책을 보면
대단하시다는 생각도 들었다.

가끔 아버지 집에 가서
아버지가 지으신 시조 옆에 '아부지' 캐릭터를 그려
넣어드렸더니 아이처럼 좋아하셨다.
그래서 갈 때마다 몇 장씩 스케치를 해드렸다.
그중 이렇게 채색까지 한 것이 몇 장 있는데,
요즘은 스케치도 거의 못 해드린다.
여러 우물 파고 다니다가 불효녀가 되었다.
가족이라는 우물이 가장 소중한 우물인데.
늘 가까이 있어 자꾸 소홀해지는 듯하다.
가까이 있는 우물이 마르고 있는 건 아닌지
자주 들여다봐야겠다.

그냥 김 여사

나는 김 씨다.

인터넷을 보면 만날
"김 여사, 김 여사."
여자들이 뭐 잘못하는 게 있으면
무조건 "김 여사"라고 한다.

그런데
생각해 보니

"장 여사" 그러면
땅 투기꾼이나
큰손 같은 느낌이 들고

"이 여사, 박 여사"는
뭔가 좀 럭셔리한
느낌이 들었다.

그냥 김 여사가
딱인 것 같다.

하루라도 엉뚱한 생각을 안 하면
삐삐쌤이 아니지!

올빼미 생활

그리하여 또 올빼미 생활이 시작된다.

여름나기

또 졸려~
제일 좋아하는 모자.
자외선 차단률 100%
늘 잠이
부족해서
게슴츠레한 눈
잠 못 자면
하나씩 출연하는
뾰루지~
밤마다 먹은
간식 때문에
절대 빠지지
않는 뱃살!
YABA
오래 앉아 있는
생활로 다져진,
어디 내놔도
빠지지 않는
건장한 다리!
"여행 가냐?"는
질문을 받게 하는
커다란 가방엔
만화 원고가
들어 있다.

겨울나기

끄떡없어~
귀까지 꼭꼭
숨길 수 있는
털모자
길에서 할머니에게 산
손뜨개 목도리
무릎 아래까지
내려오는
두툼한 패딩 외투
등까지
따뜻하게
하기 위한
모직 배낭
초등학교 동창회
선물 교환 때
받은 산악용 장갑

주름살

아, 요즘 부쩍 주름이…
쫙 펴지는 팽팽크림!
오오! 쫙쫙! 팽팽!!
나 저거저거!
세수나 잘 해~
맞는 말이다.
나는 세수를 잘 안하고 그냥 막 잔다.

대식가, 미식가

남편 윤 씨와 밥을 먹으러 가면
늘 기본 3인분은 시킨다.
특히 음식이 맛있어서 자동차로
3시간을 달려 도착한
중국집에 가면 좀 더…

빛의 속도로 음식물을
흡입한 후, 나올 때
식당 직원들이
하는 말이 들렸다.

단골이 된 그 식당은 이제 우리가
뭘 시켜도 놀라지 않는다.

고양이 테러리스트

우리 집 윤 씨는
고양이들의 테러리스트다.
그래서 윤 씨가 나타나면
냥이들은 자취를 감춘다.

본능

여기저기 하얀 곳이 보이면
뭔가 그려 넣고 싶은 본능이….

신발에

오븐용 장갑에

부채에

뒤집어

고양이는 털이
엄청 빠진다.
세 놈이 모이니
더 빠진다.
그 털은 죄다
나한테 붙나 보다.
아씨~또!
그러다 좋은
생각이 났다.
집에 오면 옷을 뒤집어
입고 있는 거다.
그리고는 평소처럼 논다.
딩굴
나갈 때 옷을
다시 뒤집어 입는다.
천한 것들!
외출복 구분하면
될 것을… 쯧!
감쪽같지?

올빼미와 참새

낮에 팽팽 놀다가
해 떨어지면 완전
바빠지는 것이
만화가의 습성….

드라큘라의 피라도 물려받은 듯….

만화가인 나는 올빼미다.
평범한 회사원인 윤 씨는
참새인지라, 같은 집에 살아도
살아있는 얼굴 보기가 힘들다.

언젠가는 나도 일찍 자고 일찍 일어나는
착한 어른이 되겠지~

나이

매년 1월 1일.
해가 바뀌고 한 살 또 나이를 먹는다.

이렇게 한 달 넘는
시간이 지났는데….

숫자 따위에 기죽지 말고 자신 있게!

부부는 엠티 중

윤 씨가 회사에서 극기훈련을 가더니
침낭을 받아 왔다.
그리하여 내가 몽골 자원 활동 때 쓰던
내 침낭과 새로 받은 극기훈련용 침낭으로
우리 집 MT가 시작되었다.

늘 마루에 텐트를 치고 싶다고 떠들던 나는
침낭으로 만족하기로 했다~
그래서 우리 집은 늘 마루에서 야영을 한다.
매일매일 MT다.

성격 차이

성질 급한 윤 씨는 게임 로딩되는
30초 정도의 시간도 기다리지 못한다.
반면 나는 너무 느긋해서 탈이다.
이런 건 정말 달라도 너~~~무 다르다.

둘 다 화난 새를
잡고 있는 중~

잘 다녀와

윤 씨가 고양이 털을 잔뜩 옷에 붙인 채로 출근하는 걸 볼 때마다
조금은 미안하다. 윤 씨, 털 떼는 찍찍이 하나 집에 놓아 드릴게!

평범한 밥상

안경 수술

그림을 그리다
스르륵 잠이 드는
날이 많다.

안경을 쓰고 자는 일이 허다하고
손에 쥐고 잔 적도 많다.

그러다보니 안경다리가 휘거나
부러지는 일이 허다하다.

그리하여 종이테이프로
안경 수술.

지금까지 잘 쓰고
다니고 있다.

무슨 날

실제로 생일날엔
케이크를 먹지도 선물하지도 않는
이상한 부부.
그냥 늘 매일매일을 즐겁게
기념일로 지내자 주의!

속도위반

밟아!
밟아!
좋아!
가는 거야~
고정식 카메라,
일명 정식이~
줄여,
줄여~
봤어?
봤어~
앗!
동식이다!
줄여,
줄여~
더 더 더 더
이동식 카메라,
일명 동식이~

찍혔을지 안 찍혔을지
궁금증은 더해만 갑니다.

이런 일이 있으면 은근히
신경이 쓰여서 바깥 경치를
놓칠 수 있습니다~

과속위반 딱지가 날아오기 전까지는
그냥 즐겁게 여행을 즐기세요.

긍정의 힘을 믿으세요,
나중에 딱지가
날아오지 않았을 때의 즐거움!

그러나 가끔은

과속은 위험합니다! 안전운전 하세요!

훌라후프 DIY

훌라후프에 징 같은 것이
박혀 뱃살 빼는 데는
최고라고 해서
하나 살까 했더니
윤 씨가 이렇게 말했다.

나는 입을 한 발 내밀고
열심히 하는 척을 하다가
징 박힌 훌라후프를 만들어 보기로 했다.

준비물은 전단지 몇 장,
박스테이프, 그리고 각종 병뚜껑!

병뚜껑 안에
전단지를 구겨 넣고
박스테이프로
양면테이프를 만들어
붙이면 끝!

마무리로 잘 안 붙은 것들은
글루건을 쏴 주었더니
대충~ 완성!

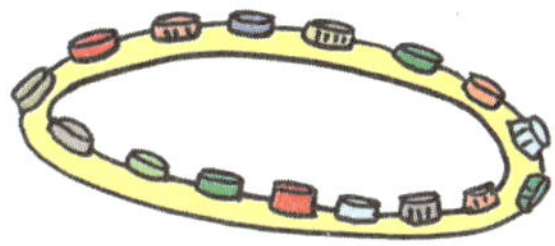

그러나…

몇 번 돌리니
돌릴 때마다
병뚜껑이
떨어져 나갔다.

궁상을 떨면
사 줄 거라는 계획과는 달리….

눈 오는 날

Merry Christmas
Happy New Year
눈 오면 사고나고,
미끄러지고, 교통 대란에
비닐하우스 내려앉고….
치우려면 힘들고~
그래도….
좋다~
좋긴 좋네~
내 집앞
눈은 내가!
춥다고 너무 웅크리지 말자구요~~

도담 고양이

도담학교 마스코트 치치와 차차

윤 씨

고양이는
괴롭히기 위해 키운다고 외치는
고양이 테러리스트 윤 씨.
그래서 윤 씨가 집에 오면
고양이들은 숨느라 바빠진다.

치치 수난기

여자 고양이 두 녀석을
키우던 시절

미요(한 살, 여)　　치치(한 살, 여)

늘 골골대던 치치가
자꾸자꾸 살이 쪘다.

앞발이 일자로 붙지 않는다.

그래서 밥의 양을
조금 줄이고

막 놀렸다.

그러던 어느 날 동물병원에
갔는데….

그전까지 개만 키워 봤던 나는
고양이 성별 구분이 개와 다르다는 걸
그날 알았다.

허탈한 마음을 달래고자
햄버거 세트 하나를
사서 집으로 돌아와

컴퓨터 책상 아래 어두운 곳에
수건을 몇 장 깔고, 박스를 만들고,
햄버거를 한입 먹는 순간…

뭔가,
묘~~~한 정적이 흘렀다.

박스를 만들어 주자마자
새끼를 낳은 것이다.

다섯 마리 중 한 마리는
세상을 떠났지만

나머지는 건강하게
커 나갔다.

네 마리 아기 고양이들 이름은
좋아하는 비틀즈의 멤버 이름으로~

왜 눈을
안 뜨지?
꼬물
꼬물

봉지 속 미요

봉지에 들어가기 좋아한다고
윤 씨가 자주 미요를 봉지 속에 넣는데
과연 좋아하는 건지는 알 수 없다.

프라모델 방해꾼

프라모델을 만들려고 하면
꼭 박스 안에 들어와서 방해를 하는 치치.

차차와 나

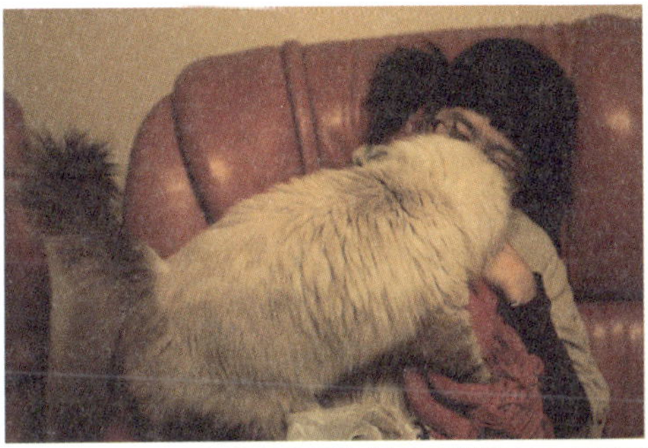

애교만점 차차!
식탐도 만점!

스코티시폴드 치치

스캐너와 프린터를 사랑하는 고양이 치치

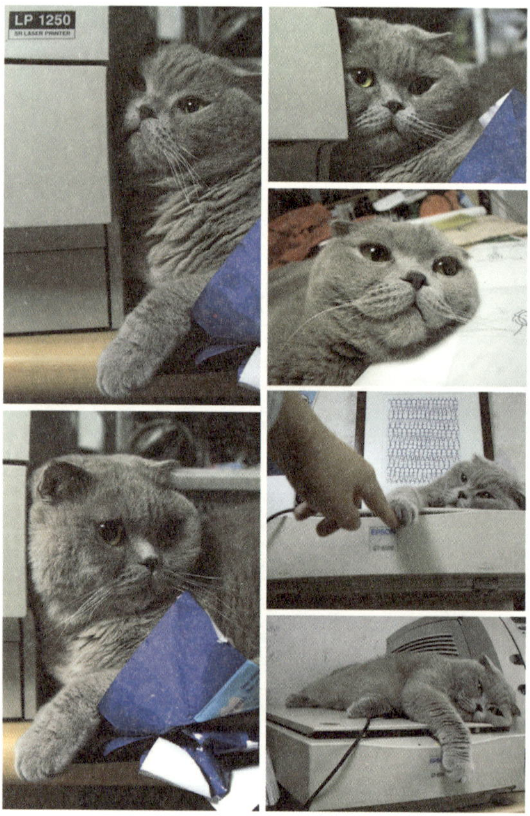

아이스크림 쟁탈전

요즘은 아이스크림 하나 먹기도 힘들다.
그래도 좋지만!

치치 스냅

불만 고양이 치치는
스냅을 이용해서 물건을
떨어뜨리는 게 취미다.

나는 역시 훌륭한 주인이다.

이동장

치치는 동물병원 가는 건 귀신같이 알아차려서 절대 이동장 안으로 들어가지 않으려고 엄청나게 버틴다.

일명, 십자 버티기!

그러나 병원에서 집으로 돌아올 때는 빛의 속도로 이동장 안으로 들어간다.

좀 다르지만, 화장실 들어갈 때 마음 다르고

나올 때 다르다는 말이 생각났다.

사료통 소리

한 달 해외여행이라도
가게 되면 나갈 때마다
긴 인사를 하고
집을 나선다.

아쉽게도 고양이들은 강아지처럼
늘 집에 돌아온 주인님을 맞이하러
나오지는 않는다.
그리하여….

필살기인 사료통 흔들기를 하면
슬그머니 나에게로 다가온다.

그런데
너무 과하게
흔들었더니

사료통과 뚜껑이 분리되어 버렸다. 젠장!

힘 조절! 잊지 맙시다.

사료통 소리2

밥 먹…
어슬렁~
드륵
드륵
사료통 흔드는 소리에
심하게 반응하는
어슬렁~

…지 말고
굶어!
속았지~~
끙~

나도 컵에다 물 마실 거야

꼭 컵에 담아 놓은 물만 먹는 도도한 그녀, 치치.